sjiraff

giraffe

kangaroo

bug

bug

ape

monkey

blekksprut

octopus

kanin

rabbit

hai

shark

tiger

tiger

yak

yak

sebra

zebra

alligator

alligator

hund

dog

papegøye

parrot

dyr

animals

sau

sheep

mark

worm

maur

ant

katt

cat

hjort

deer

elefant

elephant

fisk

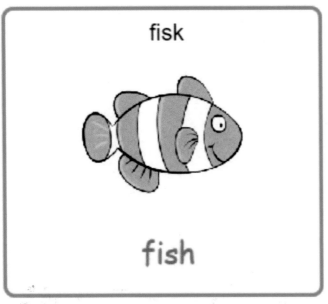

fish

høne

hen

iguana

iguana

løve

lion

muldvarp

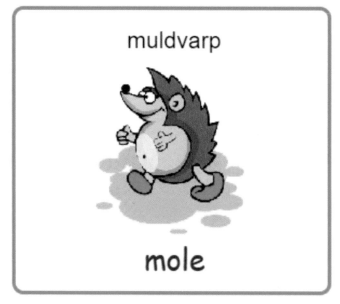

mole

ugle

owl

gris

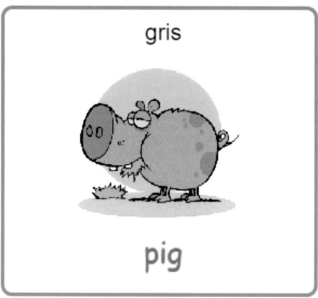

pig

hane

rooster

snegl

snail

tyrkia

turkey

hval

whale

bie

bee

and

duck

gorilla

gorilla

bjørn

bear

fugl

bird

kylling

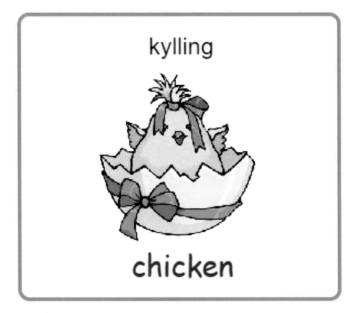

chicken

ku

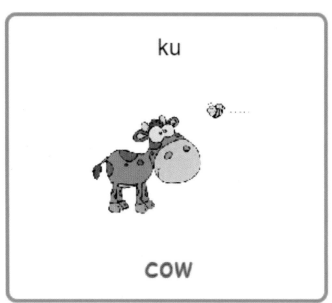

cow

krabbe

crab

hest

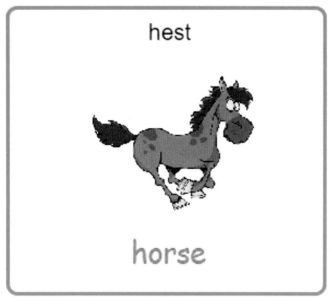

horse

kattunge

kitten

ekorn

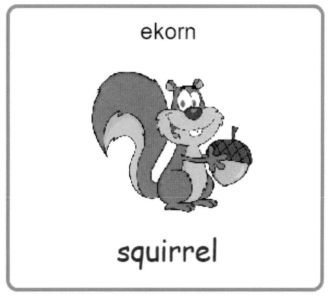

squirrel

sommerfugl

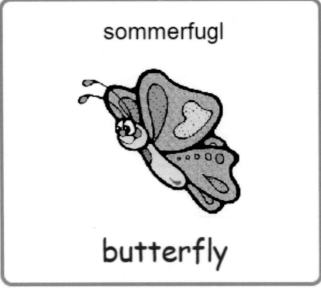

butterfly

kamel

camel

delfin

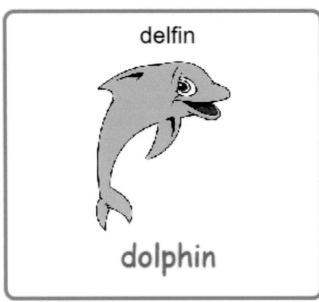

dolphin

ørn

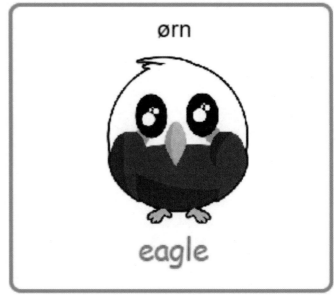

eagle

kyllinger

chick

rev

fox

frosk

frog

geit

goat

flodhest

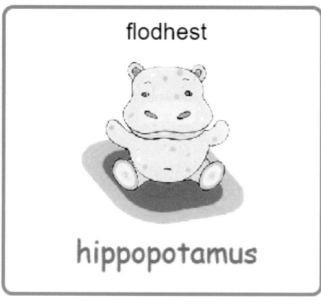

hippopotamus

panda

panda

valp

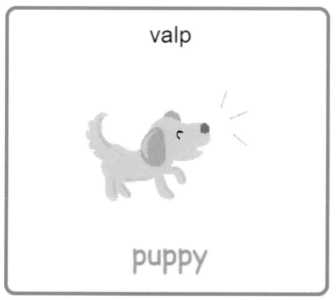

puppy

mus

mouse

pingvin

penguin

slange

snake

edderkopp

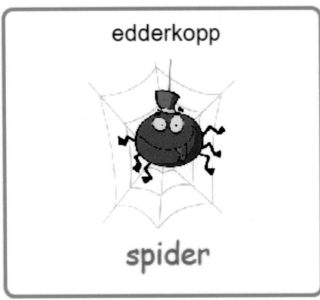

spider

skilpadde

turtle

ulv

wolf

fluer

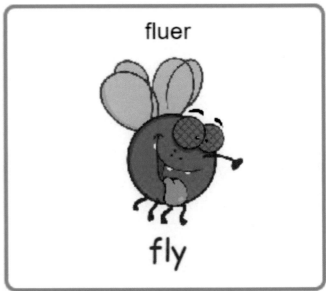

fly

insekt

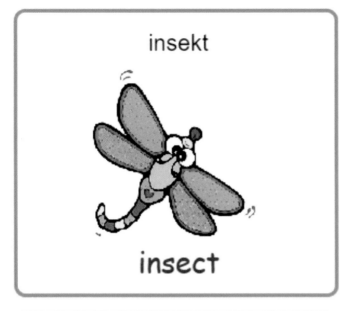

insect

koala

koala

vaktel

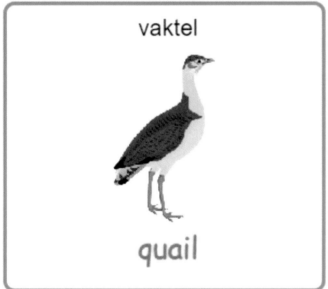

quail

rotte

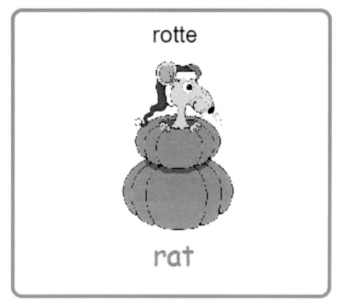

rat

stinkdyr

skunk

gepard

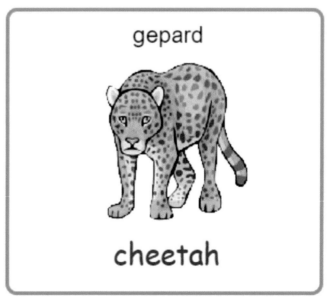

cheetah

11

øgle

lizard

hoppe

mare

struts

ostrich

østers

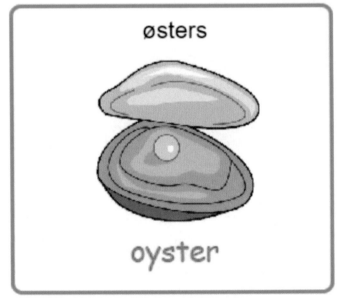

oyster

pelikan

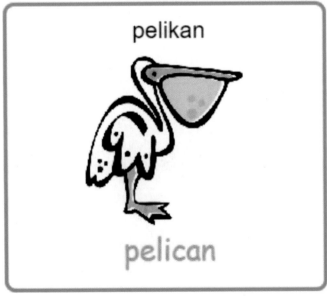

pelican

due

pigeon

reinsdyr

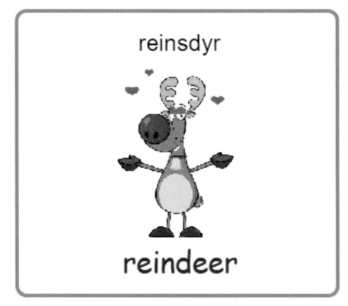

reindeer

svane

swan

padde

toad

gribb

vulture

hvalross

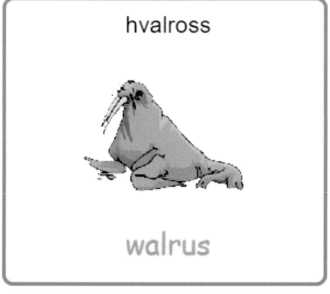

walrus

musling

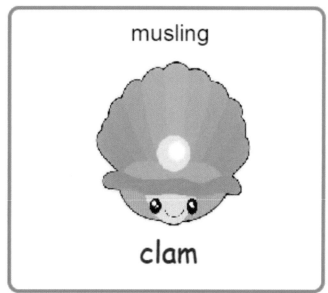

clam

villsvin

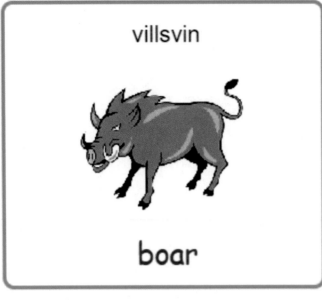

boar

kne

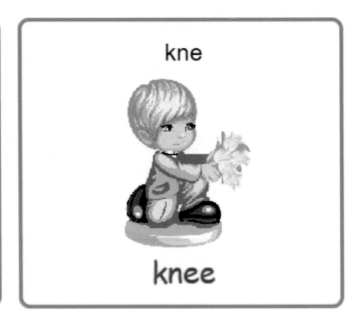

knee

hånd

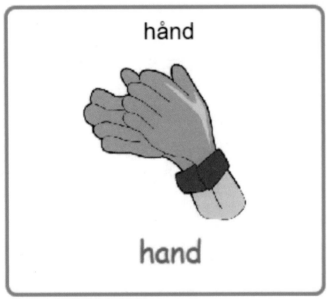

hand

øye

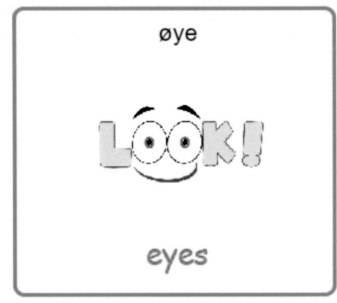

eyes

hode

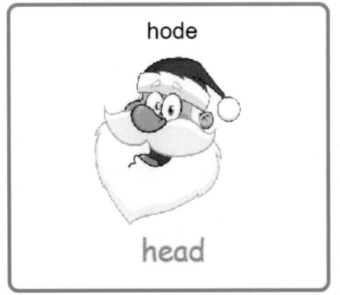

head

ben

leg

hår

hair

ører

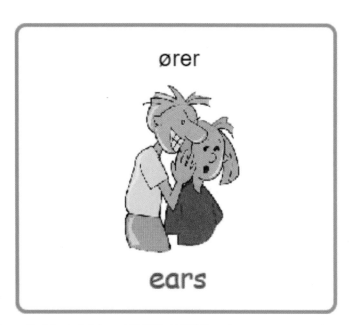

ears

finger

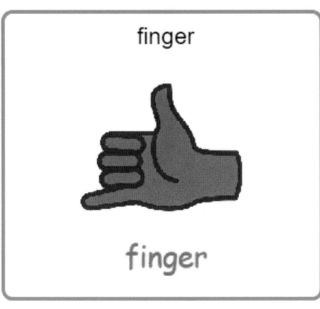

finger

nese

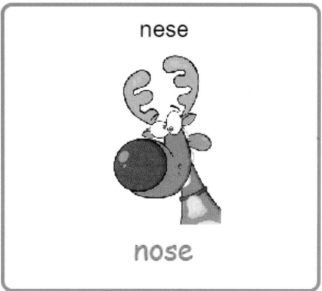

nose

tann

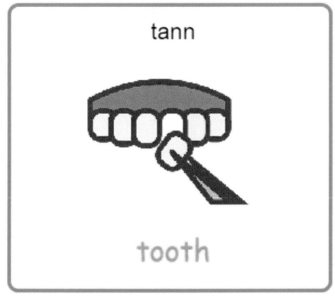

tooth

skulder

shoulder

v:æpne

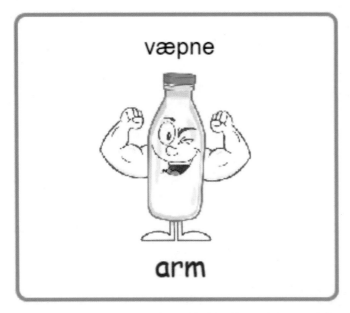

arm

skjegg

beard

hake

chin

albue

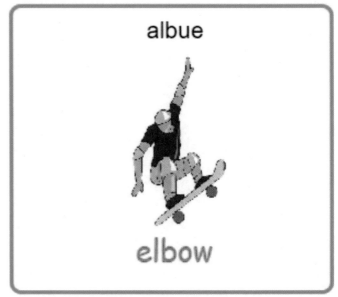

elbow

ansikter

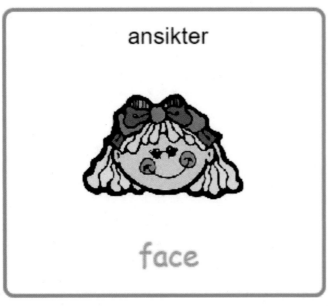

face

munn

mouth

nakke

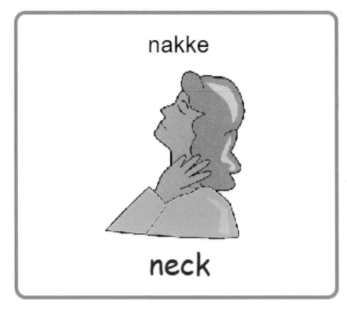

neck

tommelen

thumb

tunge

tongue

muskel

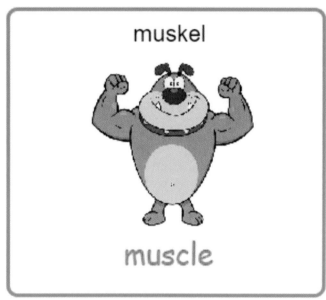

muscle

hofte

hip

kropp

body

iskrem

ice cream

syltetøy

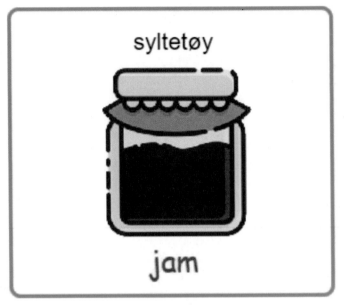

jam

vannmelon

watermelon

kake

cake

oransje

orange

yoghurt

yogurt

sitron

lemon

melk

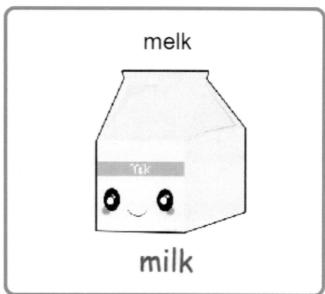

milk

pærer

pear

eple

apple

brød

bread

kokosnøtt

coconut

brokkoli

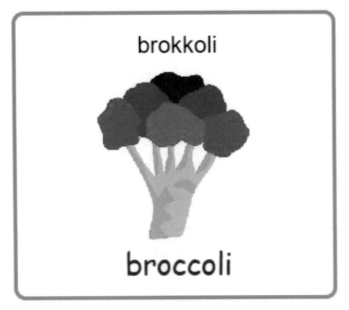

broccoli

erter

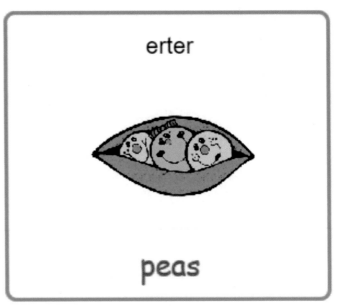

peas

salat

salad

chili

chili

kirsebær

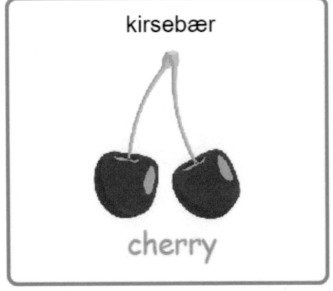

cherry

banan

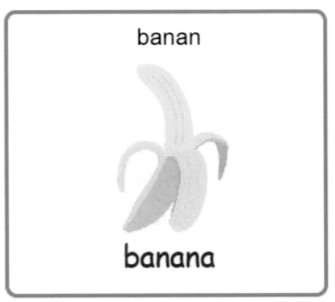

banana

jordbær

strawberry

ananas

pineapple

bønne

bean

sukkertøy

candy

skinke

ham

juice

juice

21

kiwi

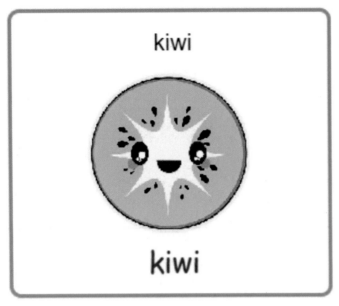

kiwi

kjøtt

meat

nøtter

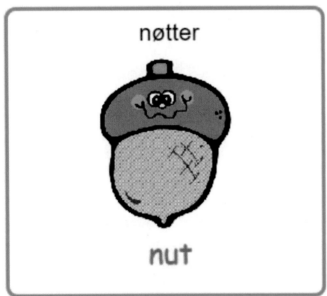

nut

løk

onion

ketchup

ketchup

ost

cheese

drue

grape

gulrot

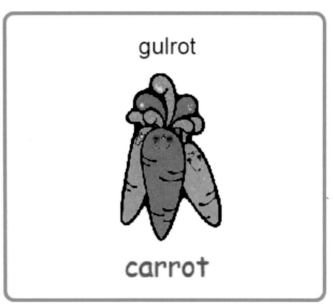

carrot

pudding

pudding

nudler

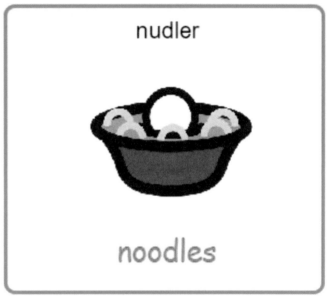

noodles

peanøtt

peanut

potet

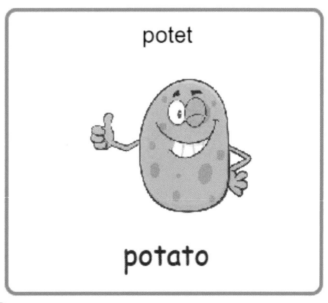

potato

biff

steak

donuts

donut

grønnsaker

vegetable

pølse

sausage

paier

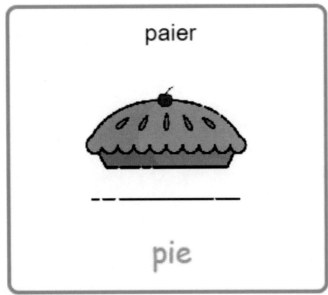

pie

honning

honey

suppe

soup

avokado

avocado

sjokolade

chocolate

pizza

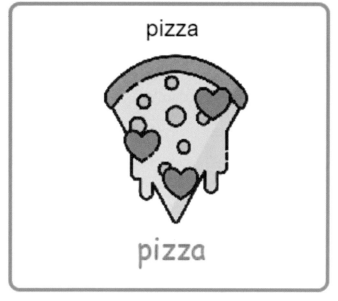

pizza

tomat

tomato

auberginer

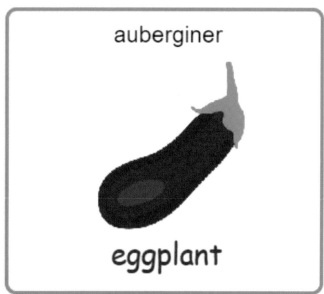

eggplant

agurk

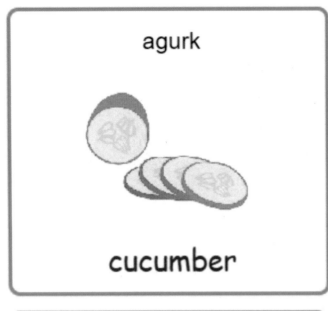

cucumber

grapefrukt

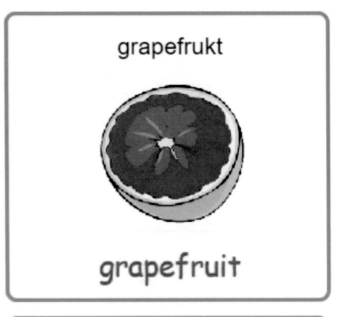

grapefruit

smørbrød

sandwich

fersken

peach

egg

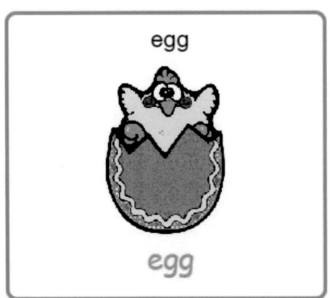

egg

plomme

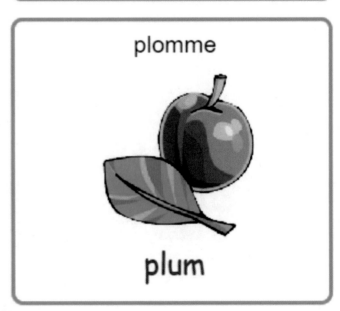

plum

granateple

pomegranate

bringebær

raspberry

mandarin

tangerine

hvete

wheat

cookie

cookie

sopp

mushroom

turnips

turnip

eikenøtter

acorn

korn

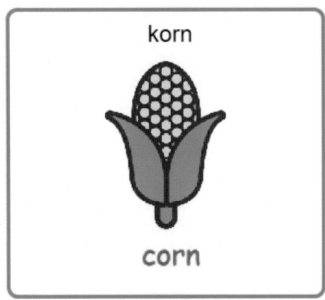

corn

baby

baby

konge

king

barn

kids

dronning

queen

gutt

boy

bror

brother

barn

children

bonde

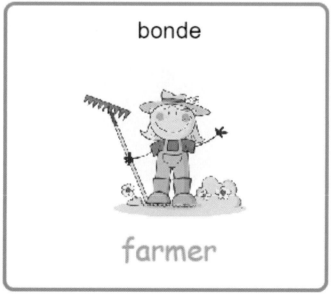

farmer

far

father

pike

girl

mann

man

mor

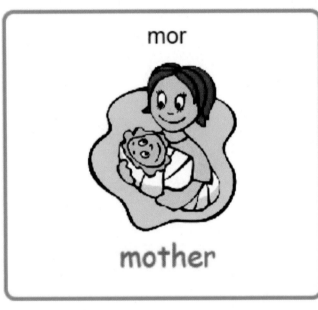

mother

hekser

witch

søster

sister

barber

barber

venn

friend

doktor

doctor

sykepleier

nurse

tryllekunstner

magician

fotograf

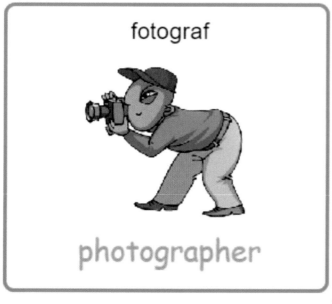

photographer

sjørøver

pirate

kokk

chef

engel

angel

ridder

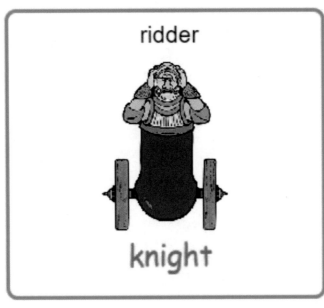

knight

havfrue

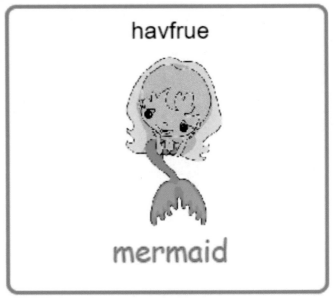

mermaid

prinsesse

princess

lærer

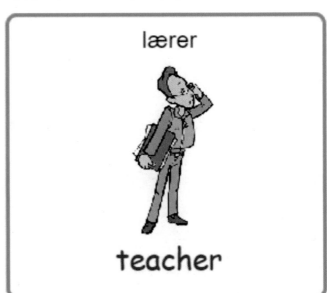

teacher

pappa

dad

kunstner

artist

musiker

musician

slakter

butcher

ledere

leader

sjef

manager

politiker

politician

ham

him

baker

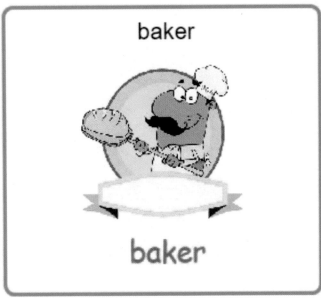

baker

rane

rob

snekker

carpenter

politimann

cop

servitører

waiter

politimann

policeman

småbarn

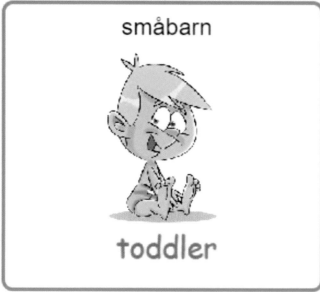

toddler

mamma

mom

hushjelp

maid

fly

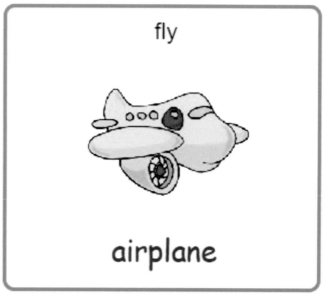

airplane

bil

car

scootere

scooter

sykkel

bicycle

varebil

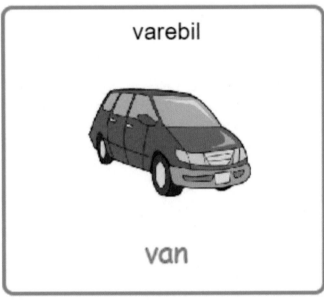

van

buss

bus

sykkel

bike

tog

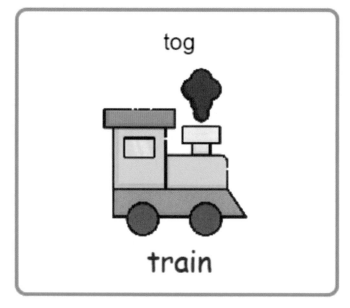

train

lastebiler

truck

jeeper

jeep

drosje

cab

vogn

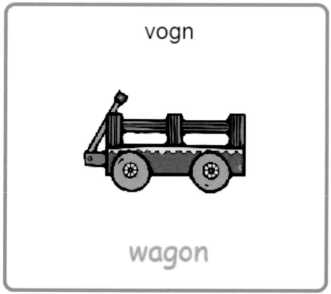

wagon

rakett

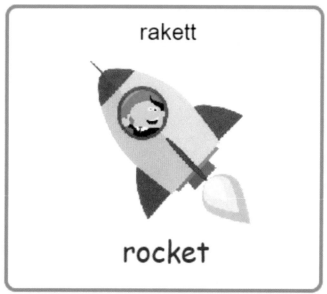

rocket

barrow

barrow

ball

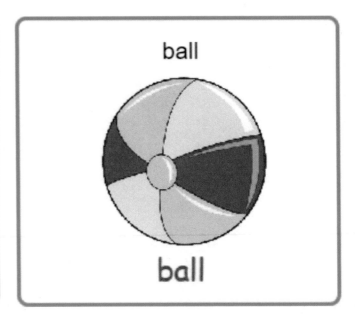

ball

flagg

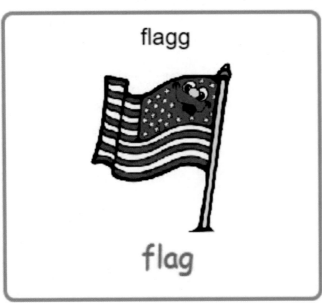

flag

panne

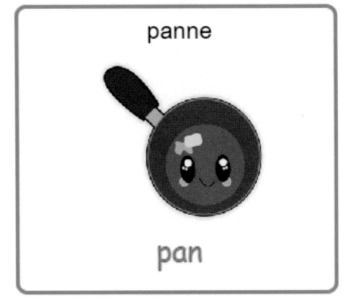

pan

vase

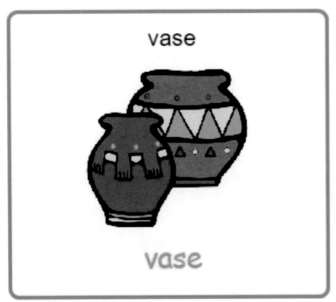

vase

håndkle

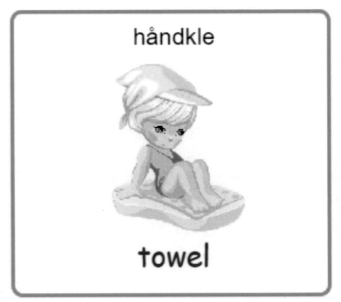

towel

bag

bag

mugge

jug

ryggsekk

backpack

rede

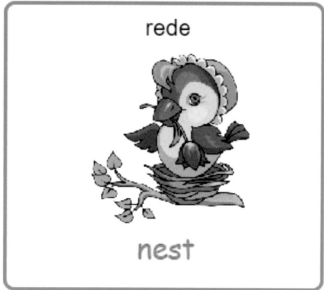

nest

tre

tree

paraply

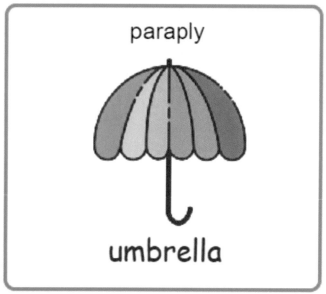

umbrella

vulkan

volcano

anker

anchor

garn

yarn

glidelås

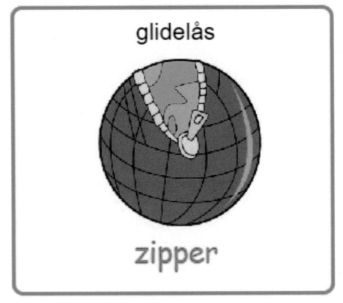

zipper

krager

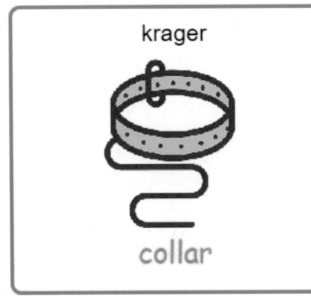

collar

speil

mirror

Made in the USA
San Bernardino, CA
16 May 2020